AF590569

EDICT DV ROY, PORTANT CREATION EN TILTRE D'OFFICE formé d'vn Greffier Triannal & trois Maistres Clercs hereditaires en chacun Grenier à Sel de ce Royaume.

Verifié en la Chambre des Comptes le 27. Mars mil six cens vingt-trois, Et Cour des Aydes le 10. Auril, audit an.

A PARIS,
Chez FED. MOREL, & P. METTAYER, Imprimeurs ordinaires du Roy.
M. DCXXIII.
Auec Priuilege de sa Majesté.

LOVIS par la grace de Dieu, Roy de France & de Nauarre, A tous presens & aduenir: Salut. Comme nostre principal dessein, en donnant la Paix à nos subjets, a esté de mettre fin aux incommoditez qu'ils ont souffertes par les logemens de nos armees, Nous auons aussi desiré d'arrester le cours des moyens extraordinaires, & de satisfaire aux despenses de nostre Estat, des fonds ordinaires de nos Finances: Mais ayant veu par l'Estat general des despenses faictes en l'annee derniere, par l'armement, solde & entretenement de nosdites armees, qu'auec les moyens extraordinaires y affectez, & lesquels y ont esté entierement employez, Nous auons esté contraints de nous seruir par aduance de la plus grande partie de nostre reuenu de ceste annee: Et considerans d'ailleurs, Que pour faire executer & obseruer les conditions souz lesquelles nous auons donné la Paix, & affermir par ce moyen le repos public pour longues annees, Il est necessaire d'entretenir encores pour quelque temps vne bonne partie de nosdits gens de guerre, Nous nous trouuõs obligez d'auoir recours à de nouueaux moyens extraordinaires, Et entre plusieurs nous seruir de la creation & establissement d'vn Greffier Triannal en chacun Grenier à Sel de ce Royaume, & d'vn Maistre Clerc souz chacun des trois Greffiers desdits Greniers. SÇAVOIR FAISONS, Qu'apres auoir mis cet affaire en deliberation en nostre Conseil, assistez de la Royne nostre tres-honoree Dame & Mere, des Princes de nostre Sang, Officiers de nostre Couronne, & autres grands & notables personnages, Nous de leur aduis, & de nostre certaine science, pleine puissance & auctorité Royale. Auons par nostre Edict perpetuel & irreuocable creé & erigé, creõs & erigeõs en tiltre d'office formé & hereditaire vn Greffier Triannal en chacun Grenier à Sel estably en nostre Royaume pour la vente & debit du Sel à nos subjets y ressortissans, afin que doresnauãt ladite charge de Greffier soit exercee par les deux Greffiers ja establis & ledit Triennal presentement creé: Sçauoir, par chacun Greffier, son Commis, Procureur ou Fermier vne annee en trois, dõt la premiere dudit Triannal ſera la prochaine, commençant au premier iour des mois d'Octobre, ou Ianuier prochain, ſelon que commẽçent les annees des Fermes de nos Gabelles eſtablies en noſtredit Royaume. Et l'autre annee ſuiuante ſera celle du Greffier qui a exercé l'annee paſſee. Et la troiſieſme ſera l'annee d'exercice du Greffier qui eſt à preſent en charge. Et en apres ſera ledit exercice continué par leſdits trois Greffiers l'vn à la ſuitte de l'autre ſucceſſiuement. Lequel Greffier Triennal ioüira en l'ãnee de ſon exercice des meſmes droicts de deſcente, & autres droicts, fruits, profits, reuenus & eſmolumens que font leſdits Greffiers ja eſtablis en l'annee de leurdit exercice. Comme auſſi de pareils gages qu'eux par chacun an qu'ils receuront par les mains des Fermiers: Enſemble de ſix ſols trois deniers pour chacun minot de Sel qui ſe vendra & diſtribuera au Grenier & Chãbre de ſon eſtabliſſement, tant en exercice, que hors iceluy, à prendre & receuoir à chacune ouuerture de Grenier par ſes mains en l'annee de ſon exercice & hors d'icelle de ſes compagnons d'office, ou autres qu'il verra bon eſtre, ſans que ceux qui en feront la recepte ſoient tenus de nous en rendre compte, non plus que des droicts qui ſe leuent pour les autres officiers deſdits Greniers,ſur le Sel qui ſe diſtribue en iceux. Et pour indamniſer les deux Greffiers anciens du preiudice qu'ils pourront receuoir par l'eſtabliſſemẽt dudit Greffier Triannal, en leur diminuant le tiers des droicts & reuenus dont ils ioüiſſent à cauſe de leur exercice, Nous voulons que par les acquereurs des offices de Greffiers Triannaux, ils ſoiẽt rembourſez de ce qu'il leur appartiendra & ſera ordonné, ſoit par nous en noſtre Conſeil, ou par les Commiſſaires qui ſeront deputez pour l'execution du preſent Edict, apres auoir faict apparoir de la valeur deſdits droicts & reuenus, & de la finãce payee en nos coffres pour l'acquiſition de leurs Greffes. Et outre, afin de rendre l'exercice deſdits Greffes ſemblable à celuy de tous les autres Greffes des Sieges & Iuriſdictions Royales de noſtredit Royaume, Nous auõs par le preſent Edict creé & erigé en tiltre d'office formé & hereditaire, Trois Maiſtres Clercs en chacun deſdits Greniers à Sel, qui eſt vn Maiſtre Clerc ſouz chacun deſdits trois Greffiers, pour eſcrire les groſſes ou extraicts de toutes les Sentences, Iugemens & autres actes qui ſe decerneront par les officiers des Greniers, Et que leſdits

Greffiers faisoient escrire par les Clercs, ainsi que font les autres Clercs establis aux Greffes de nosdites Iurisdictions, & ioüir par les acquereurs desdits offices de maistres Clercs en l'annee de leur exercice de la moitié de pareils droicts & esmolumens dont ioüit le Greffier : lesquels ils prendrõt sur les parties pardessus ceux dudit Greffier, que ne voulons souffrir aucune diminution, A la charge de vacquer bien & deüement par lesdits Clercs, leurs Commis, ou Procureurs à l'exercice de leurs offices, & satisfaire aux mesmes fraiz que lesdits Clercs desdites autres Iurisdictions sont tenus par nos Edicts & Reglemens. A chacun desquels trois Clercs, Nous auons attribué & attribuons trois sols neuf deniers pour chacun minot de Sel qui sera vendu & distribué en chacun Grenier, & Chambre à Sel, pour les prendre & receuoir à l'ouuerture du Grenier, ainsi & en la mesme forme & maniere que font lesdits Greffiers. Tous lesquels droicts par nous attribuez, tant audit Greffier Triannal, que ausdits Clercs, reuenans à dix-sept sols six deniers tournois pour chacun minot de Sel, Nous auons dés maintenant distraicts & separez de nos droicts de Gabelle qui se prennent & leuent à nostre profit ſur le Sel qui ſe vend & diſtribue en chacun de noſdits Greniers, dont ſera faict eſtat en noſtre Conſeil, ſuiuant lequel & la vente qui ſe fera eſdits Greniers pendant le temps qui reſte à expirer de chacune de nos Fermes des Gabelles : les Fermiers d'icelles demeureront d'autant quittes vers nous ſur le prix de leur Ferme, & par chacun quartier de la ſomme à laquelle les attributions ſe trouueront monter : ſans qu'auec ledit Eſtat & certificats deſdites ventes, il leur ſoit beſoin de rapporter pour leur deſcharge autres lettres que le preſent Edict. Et aduenant le renouuellement des baux de noſdites Fermes, le prix de noſdits droits de Gabelle y declaré ſera diminué par iceux deſdites nouuelles attributions. A la vente deſquels offices de Greffiers Triannaux, & des trois Maiſtres Clercs ſera procedé par les Commiſſaires qui ſeront à ce par nous deputez, au plus offrant & dernier encheriſſeur, & les formes en tel cas requiſes gardees & obſeruees ſur les encheres, tiercemens ou doublemens, qui ſeront mis pardeſſus le prix principal, qui ſera conſtitué par leſdits Commiſſaires à chacun deſdits offices : Lequel prix ſe prendra ſur la vente & debit du Sel qui ſe faict ordinairement

és Gre-

és Greniers & Chambres de leur establissement, & les gages ou droicts que nous leur attribuons. Et seront les deniers des ventes & adiudications desdits offices payez par les acquereurs és mains de tels de nos officiers comptables, qui sera par nous ordonné, Et par ses quittances dans le temps que lesdits Commissaires leur ordonneront, sur lesquelles seront expediez & deliurez ausdits acquereurs les actes & contracts d'adiudication, Pour en vertu d'iceux estre mis & instalez en la possession desdits offices, ensemble leurs Procureurs ou Fermiers: Et en ioüir par eux, leurs hoirs, ou ayans cause, aux droicts susdits, comme de leur propre chose, vray & loyal acquest, desquels ils ne pourront estre depossedez qu'en les rembourçant comptant, & à vn seul & actuel payement, des deniers qu'ils auront payez, tant en nos coffres, qu'aux proprietaires des deux offices de Greffiers anciens, pour leur indamnité de la diminution dudit tiers des droicts & esmolumens de l'exercice de leurs Greffes, ensemble de leurs fraiz & loyaux cousts. Promettant en foy & parole de Roy, auoir pour agreable, tenir ferme & stable à tousiours, ce qui sera faict & ordonné par lesdits Commissaires en vertu des presentes.

Si donnons en mandement à nos amez & feaux Conseillers les gens tenans nos Chambres des Comptes, & Cours des Aydes à Paris, Presidens, Tresoriers de France & Generaux des Finances des Generalitez de ce Royaume, Que chacun endroit soy, & comme à luy appartiendra, ils facent lire, publier & registrer nostre present Edict, & le contenu en iceluy inuiolablement garder & obseruer, sans permettre qu'il y soit contreuenu en aucune sorte & maniere que ce soit: faisans cesser tous troubles & empeschemens au contraire, Nonobstant tous Edicts, Declarations, Reglemens, oppositions ou appellations quelsconques, la cognoissance desquelles, si aucunes interuiennent, Nous auons retenuë & reseruee à nous & à nostre Conseil, & icelle interdicte à toutes nos autres Cours & Iuges: Car tel est nostre plaisir. Et afin que ce soit chose ferme & stable à tousiours, Nous auons faict mettre & apposer nostre seel à ces presentes.

Donné à Paris au mois de Feurier, l'an de grace mil six cens vingt-trois. Et de nostre regne le treziesme. Signé, LOVIS. Et plus bas, Par le Roy, De Lomenie.

Et scéllé sur double queüe du grand seel de cire verte, pendant en lacs de soye verd & rouge.

Leu, publié & registré en la Chambre des Comptes, ce requerant le Procureur General du Roy, pour estre les deniers qui en prouiendront employez aux Vrgens affaires de sa Maiesté de la presente annee, sans qu'ils puissent estre diuertis ailleurs, ny receus par autres que par Vn Officier comptable, qui sera tenu d'en compter par Vn compte particulier & separé. Et faire recepte entiere en iceluy, tant des deniers entrez aux coffres de sadite Maiesté, que de ceux ordonnez par ledit Edict estre payez aux Greffiers anciens & alternatifs, opposans pour leur indamnité, Et sans preiudice de leur opposition, pour laquelle ils se retireront pardeuers le Roy en son Conseil, pour leur estre pourueu, suiuant l'Arrest de ce faict, le Vingt-septiesme iour de Mars, mil six cens Vingt-trois.

Signé, GOBELIN.

Registré en la Cour des Aydes, Ouy le Procureur General du Roy, suiuant & aux charges portees par l'Arrest du iourd'huy. A Paris le dixiesme iour d'Auril, l'an mil six cens Vingt-trois.

Signé, DV PVY.

EXTRAICT DES REGISTRES de la Cour des Aydes.

VEV par la Cour les Lettres patentes du Roy en forme d'Edict, donnees à Paris au mois de Feurier dernier. Signees, LOVIS. Et au dessouz, Par le Roy, DE LOMENIE. Et seellees de cire verte sur lacs de soye rouge & verte, Portant creation en tiltre d'office formé d'vn Greffier Triannal en chacun Grenier à Sel estably en ce Royaume, & de trois Maistres Clercs en chacun d'iceux, qui est vn Maistre Clerc souz chacun des trois Greffiers, pour iouïr des gages, droicts & attributions au long exprimees par lesdites Lettres en la Cour addressantes pour la verification. Conclusions du Procureur general du Roy: Et tout consideré, LA COVR les Chambres assemblees, A ordonné & ordonne que treshumbles remonstrances seront faictes au Roy sur ledit Edict. Faict à Paris en la Cour des Aydes le quatriesme iour d'Auril mil six cens vingt-trois.

Signé, DV PVY.

OVIS par la grace de Dieu, Roy de France & de Nauarre. A nos amez & feaux Conseillers les gens tenans nostre Cour des Aydes à Paris, Salut. Nous auons veu & consideré en nostre Conseil vostre Arrest du quatriesme du present mois, donné sur la presentation de nostre Edict du mois de Feurier dernier, portant creation d'vn office de Greffier Triannal, & de trois Maistres Clercs en chacun Greffe des Greniers à Sel de nostre Royaume, & ouy les deputez de vostredite Cour en leurs remonstrances, que nous auons prises en bonne part: Mais comme les principales raisons qui nous ont esté par eux representees ayent esté par nous preueües, considerees & pesees auant l'expedition de nostredit Edict, auec l'importance dont nous est le secours que nous esperons tirer de l'execution d'iceluy, pour employer aux despenses necessaires pour l'establissement & affermissement de la Paix de nostre Estat, dont nos subjets de toutes conditions doiuent receuoir le fruict: Aussi ne peuuent-elles maintenant produire autre effect que de nous faire çognoistre vostre zele & affection au bien de nos affaires & seruice, sans nous desmouuoir de la resolution que nous auons prise de faire promptement executer nostredit Edict, ainsi que nous auons faict entendre à bouche à vosdits deputez. A CES CAVSES, de l'aduis de nostredit Conseil, & de nostre certaine science, pleine puissance & auctorité Royale, Nous vous mandons, commandons & tres-expressement enjoignons par ces presentes, signees de nostre main, qui vous seruiront de Iussions & commandemens que vous pourriez attẽdre de nous sur ce subjet, Que sans vous arrester ny auoir esgard à vostredit Arrest du quatriesme du present mois, cy auec nostredit Edict attaché souz le contreseel de nostre Chancellerie, ny aux clauses motiues d'iceluy, Vous ayez toutes choses postposees & cessantes, à proceder à la publication & enregistrement pur & simple de nostredit Edict, sans y faire, ny vser d'aucune restrinction, ny modification, refus, remises ny difficulté. Mandons & enjoignons à nostre Procureur general en nostredite Cour, tenir la main à l'execution des presentes, & faire à ceste fin toutes les instances, poursuites & requisitions necessaires, & nous en aduertir de iour à autre du deuoir qui y aura esté faict : Car tel est nostre plaisir, nonobstant vostredit Arrest, & toutes choses à ce contraires. DONNE' à Fontainebleau le septiesme iour d'Auril, l'an de grace mil six cens vingt-trois. Et de nostre regne le treziesme. Signé, LOVIS. Et plus bas, Par le Roy, DE LOMENIE. Et seellee.

Registré en la Cour des Aydes, Ouy le Procureur general du Roy, suyuant & aux charges portees par l'Arrest du iourd'huy. A Paris le dixiesme iour d'Auril, mil six cens vingt-trois.

Signé, DV PVY.

EXTRAICT DES REGISTRES de la Cour des Aydes.

VEV par la Cour les Chambres assemblees, les Lettres patentes du Roy en forme d'Edict, donnees à Paris au mois de Feurier mil six cens vingt-trois dernier. Signees, LOVIS. Et plus bas, Par le Roy, DE LOMENIE: Et seellees de cire verte, sur lacs de soye rouge & verte, Portans creation en tiltre d'office formé d'vn Greffier Triannal en chacun Grenier à Sel estably en ce Royaume, & de trois Maistres Clercs en chacun d'iceux, qui est vn Maistre Clerc souz chacun des trois Greffiers, pour en iouïr, ensemble des gages, droicts & attributions y mentionnees, aux charges portees par ledit Edict. Arrest de ladite Cour du quatriesme iour du present mois d'Auril, Par lequel elle auroit ordonné que tres-humbles remonstrances seroient faictes au Roy sur ledit Edict. Autres Lettres patentes de sa Majesté, donnees à Fontainebleau le septiesme iour dudit present mois d'Auril, signees, LOVIS. Et au dessouz, Par le Roy, De Lomenie. Et seellees sur simple queüe de cire iaune, portans Iussion & mandement à ladite Cour, que sans s'arrester audit Arrest, elle eust à proceder à la verification & enregistrement pur & simple desdites lettres, sans y faire aucune modification, restrinction, refus, remises, ny difficulté, Ouys en ladite Cour les sieurs premier President & Conseillers d'icelle deputez vers le Roy pour faire à sa Majesté lesdites remonstrances, Conclusions du Procureur general du Roy, Et tout consideré : La Covr du tres-

exprés

expres commandement du Roy plusieurs fois reiteré de bouche & viue voix, A ordonné & ordonne que lesdites Lettres en forme d'Edict seront registrees au Greffe d'icelle, pour en iouyr par lesdits nouueaux acquereurs desdits offices de droicts de Gabelles de dix-sept sols six deniers sur minot de Sel y mentionnez : A la charge neantmoins qu'ils ne pourront iouïr des esmolumens desdits offices en leur annee triannale, qu'au prealable l'indemnité des Greffiers anciens & alternatifs n'ayt esté liquidee & arbitree, & n'en ayent esté actuellement remboursez, & que les procez & differends qui interuiendront en execution dudit Edict, ne pourront estre traictez & terminez ailleurs qu'en ladite Cour, à laquelle la cognoissance en est attribuee par les Edicts & Ordonnances, verifiees par tout où besoing a esté. Faict à Paris en la Cour des Aydes les Chambres assemblees, le dixiesme iour d'Auril, mil six cens vingt-trois.

Signé, DV PVY.

LOVIS par la grace de Dieu, Roy de France & de Nauarre. A nos amez & feaux les ſieurs de Cheury, Conſeiller en noſtre Conſeil d'Eſtat, Preſident en noſtre Chambre des Comptes, & Intendant de nos Finances, Hotman ſieur de Fontenay, auſſi Conſeiller en noſtredit Conſeil d'Eſtat, & Treſorier de France à Paris, de Machault, Cõſeiller en noſtre Cour des Aydes, & Bigot noſtre Conſeiller & Cõtroolleur general de nos Gabelles, Salut. Par noſtre Edict du mois d'Auril dernier, verifié où beſoin a eſté, Nous auõs creé & erigé des offices de Greffiers Triãnaux & Maiſtres Clercs, tant anciens, alternatifs que Triannaux, en chacun Grenier à Sel de noſtre Royaume, aux gages, functions & eſmolumens y mentionnez, & auec attribution pour ceux de la Ferme de Lyonnois, dicte la part du Royaume, de dix-ſept ſols ſix deniers ſur chacun minot de Sel, Aſſauoir, audit Greffier Triannal ſix ſols trois deniers, & à chacun deſdits Maiſtres Clercs, trois ſols neuf deniers, Pour eſtre vendus hereditairement au plus offrant & dernier encheriſſeur, en la forme & maniere accouſtumee. Et eſtant neceſſaire pour cet effect de commettre & deputer personne suffisante & capable, afin que nous en puissions promptement recueillir le fruict que nous nous sommes promis en la necessité de nos affaires. A CES CAVSES, Nous vous auons cõmis & deputé, cõmettons & deputons par ces presẽtes, pour par deux de vous en l'absence des autres proceder par encheres, doublemens & tiercemens, en la forme & maniere accoustumee à la vente en heredité desdits offices de Greffier Triannal, & trois Maistres Clercs és Greniers à Sel de ladite Ferme de Lyonnois, Pour desdits offices, gages & droicts y attribuez : Ensemble de la faculté d'y commettre personnes capables d'en faire l'exercice, par ceux qui s'en rendront adiudicataires hereditairement, leurs hoirs, successeurs & ayans cause, du iour & datte de la finance qu'ils auront payee és mains de nostre amé & feal Conseiller & Tresorier de nos parties Casuelles Maistre Nicolas Seruient, ou du porteur de ses quittances : Outre laquelle, lesdits acquereurs seront tenus payer vn sol pour liure du prix de leur adiudication, qui leur tiendra lieu de finance ainsi que le principal : Moyennant quoy, leur seront par vous expediez les contracts de la susdite vente en heredité, que nous voulons estre de tel effect, force & vertu, que s'ils estoient faicts en nostre Conseil, sans qu'il soit besoing aux acquereurs ny à leurs successeurs ou ayans cause, d'obtenir sur iceux si bon ne leur semble aucune prouision ou ratificatiõ, ny payer aucune autre finance ou marc d'or, dont nous les auons dispensez & dispensons par ces presentes, soit pour ladite premiere acquisition, succession, mutation ou autremẽt, en quelque sorte & maniere que ce soit, & sans qu'ils puissent cy apres estre depossedez qu'en les remboursant actuellemẽt & à vn seul payement, tant de ladite finance principale, sol pour liure, que fraiz & loyaux cousts. Promettant en bonne foy & parole de Roy, auoir pour agreable & tenir ferme & stable tout ce qui aura esté par vous faict & negotié en execution des presentes, circonstances & dependances, sans souffrir ny permettre qu'il y soit contreuenu en aucune maniere. Et estant necessaire de commettre personne suffisante & capable pour Greffier en la presente Commission deüement informez de la capacité, fidelité & experience de Maistre Iacques Bordier, nostre Conseiller, & Receueur general des Gabelles de Lyonnois, Nous l'auons commis & ordõné en ladite charge de Greffier, auec pouuoir d'y commettre en cas d'absence ou autre empeschement : Auquel, & aux Huissiers, Sergens & autres personnes, qui seront employez à l'execution des presentes, sera par vous faict taxe desdits contracts, escritures, iournees & vacatiõs, selon que vous iugerez raisonnable en vos loyautez & consciences : Et pour vos iournees & vacatiõs, il en sera faict taxe en nostre Conseil : De ce faire vous donnons pouuoir, Commission & mandement special. Mandons à tous nos Iusticiers, Officiers & subjets qu'à vous en ce faisant ils obeyssent, & donnent confort & ayde si besoin est & requis en sont. Et à tous Huissiers & Sergens de faire pour l'execution de ce que dessus, circonstances & dependances, tous exploicts requis & necessaires, sans pour ce demander congé, placet, visa ne pareatis: Nonobstant oppositions ou appellations quelsconques, & sans preiudice d'icelles, pour lesquelles ne voulons estre differé, desquelles si aucunes interuiẽnent, nous auons retenu & reserué à nous & à nostre Conseil la cognoissance, & icelle interdicte & defendue, interdisons & defendons à nos

Cours de Parlement, Chambre des Comptes, Cours des Aydes, Tresoriers de France, & autres Iuges quelsconques. Et pour ce que des presentes on pourra auoir affaire en plusieurs & diuers lieux, Nous voulons qu'à la copie d'icelles deüement collationnee, foy soit adioustee comme au present original, Nonobstant aussi quelsconques Ordonnances, restrinctions, mandemens, defenses, prise à partie, & autres choses à ce contraires: Car tel est nostre plaisir.

DONNE' à Fontainebleau le vingt-septiesme iour d'Auril, l'an de grace mil six cens vingt trois. Et de nostre regne le treziesme. Et plus bas est escrit, Par le Roy, en son Conseil, Signé, BARDEAV. Et seellee sur simple queüe du grand seel de cire iaune.

Collationné aux originaux, par moy Conseiller, & Secretaire du Roy.

Sommaire du Priuilege.

PAR Lettres patentes du Roy, donnees à Paris le vingt-deuxiesme iour de Feurier, mil six cens vingt, signees, LOVIS, & sur le reply, Par le Roy, De Lomenie, & scellees du grand scel dudit Seigneur, en cire iaulne, sur double queüe: verifiees, tant en la Cour de Parlement, Chambre des Comptes, Cour des Aydes, Chastelet de Paris, qu'au Bailliage du Palais: Il est permis à Federic Morel, & Pierre Mettayer ses Imprimeurs ordinaires, d'imprimer, ou faire imprimer, vendre & debiter tous Edicts, Ordonnances, Mandemens, Lettres patentes, comme aussi tous Arrests, tant de son Conseil, que de ses Cours, sans qu'autres Libraires & Imprimeurs les puissent imprimer ne faire imprimer, vendre ne distribuer, en quelque sorte & maniere que ce soit, sur peine de cinq cens liures d'amende. Voulant au surplus, que tout ce qui se trouuera imprimé de ce que dessus, par autres que lesdits Morel & Mettayer, soit saisi & cancelé comme nul & faulx, & faict contre son auctorité & commandement.

www.ingramcontent.com/pod-product-compliance
Ingram Content Group UK Ltd.
Pitfield, Milton Keynes, MK11 3LW, UK
UKHW022155260726
13993UKWH00005B/2395